Angelika Schmelzer

Pferde
gymnastizieren

So macht man es richtig

Inhalt

Ein paar Anmerkungen zuvor 3

Gymnastizieren – was heißt das? 4

    Kraft, Elastizität und Koordination 4

    Am besten natürlich? 5

    Ein bisschen Pferdeanatomie 6

    Warum jedes Pferd Gymnastik braucht 7

Das Spiel mit Dehnung und Versammlung 8

    Dehnung und Versammlung 8

    Sackgasse 10

Gymnastik mit Plan 12

    Die drei Phasen des Trainings 12

    In sechs Schritten zum Ziel 14

    Gestiefelt und gespornt 15

Am Anfang ist die Dehnung 16

    Reelle Dehnung will erarbeitet werden 16

    Und wie mach´ ich das? 17

    Hilfe, mein Pferd will sich nicht dehnen! 18

Noch ein bisschen Theorie 19

    Pferde sind „Rechtshänder" 19

    In der Spur bleiben 21

    Vierbeinige Warnsignale 22

Biegung – mal mehr, mal weniger 24

    Langsam und gleichmäßig 24

    Reiten in Stellung 25

    Schultervor 26

    Schulterherein 26

Was es sonst noch gibt 27

    Ihre tägliche Gymnastik 27

    ABC der Seitengänge 27

    Schenkelweichen 28

    Rückwärtsrichten 29

    Dasselbe, aber draußen 30

    Ergänzende Übungen an der Hand 30

EIN PAAR ANMERKUNGEN ZUVOR

Gymnastik sollte sich wie ein roter Faden von Anfang an durch das Berufsleben Ihres Pferdes ziehen.

Ein paar Anmerkungen zuvor

Gymnastizierendes Reiten reitweisenübergreifend erklären – ein schwieriges Unterfangen! Zwar weisen die hierzulande betriebenen Reitstile viele Parallelen hinsichtlich der grundlegenden Übungen auf, aber naturgemäß noch mehr Unterschiede in der Hilfengebung und der Ausführung. Selbst Anhänger einer Reitweise sind sich nicht immer einig, wenn es um die Terminologie oder Feinheiten der Durchführung geht. Aus diesem Grund müssen alle Erklärungen allgemein gehalten und bitte auch so aufgefasst werden; eine Reitlehre ist dies deshalb sicher nicht, eher ein Leitfaden, der ergänzend zum Reitunterricht oder zu grundlegender Fachliteratur dem Reiter auch die theoretischen Hintergründe erläutern soll. Die vorgegebene Reihenfolge der Anregungen ist aus diesem Grund nicht zwingend anzusehen, etwa im Sinne einer verbindlichen Ausbildungsskala, sondern will den Leser von einfachen zu schwierigeren Inhalten, sowohl in der Theorie wie in der Praxis, leiten.

Noch ein Problem: dem Text passendes Bildmaterial beizufügen, das die manchmal trockenen Erläuterungen optisch begreifbar macht. Auch hier ergibt sich die Schwierigkeit, dass sich die Reitstile, ja sogar die Ausbildungsmethoden einzelner Trainer sehr voneinander unterscheiden. Alle Bilder, ob sie typische Fehler oder die korrekte Durchführung bestimmter Übungen aufzeigen, sind deshalb bewusst aus dem prallen Reiterleben gegriffen und zeigen vom Weltklassereiter bis zum bemühten Freizeitreiter die ganze Palette des Könnens.

PFERDE GYMNASTIZIEREN

Dressurreiter haben durchaus kein Monopol auf gymnastizierendes Reiten.

Gymnastizieren – was heißt das?

Wer unter „Gymnastizierung" schlicht klassisches Dressurreiten versteht, ist schief gewickelt: Keine Reitweise, keine reitsportliche Disziplin kommt ohne gymnastisches Training aus. Je nach Reitstil und Niveau wählt der Reiter zwar unterschiedliche Wege, um sein Pferd zu gymnastizieren, die Grundüberlegung aber ist stets dieselbe. Auch das als Resultat angestrebte Ziel ist zwar in der Form vom Reitstil abhängig, besteht im Prinzip aber immer darin, dass das Pferd mit aktivem Rücken arbeitet und die weit untertretende Hinterhand vermehrt Gewicht aufnimmt, die Vorhand entlastet wird.

Kraft, Elastizität und Koordination

Unter dem Begriff „Gymnastik" versteht man allgemein eine Vielzahl an körperlichen Übungen mit allgemeiner oder spezieller Zielsetzung, vor allem einer Zunahme an Kraft, Elastizität und Koordination. Gymnastizierendes Reiten zielt darauf ab, den gesamten Trageapparat des Pferdes zu stärken und damit Gesundheit, Belastbarkeit und Wohlbefinden zu verbessern. Die Zielsetzung des gymnastizierend arbeitenden Reiters ist weniger die sportliche Höchstleistung, sondern die Schaffung einer stabilen Basis, auf der aufbauend die weitere Förderung und Spezialisierung erfolgt.

GYMNASTIZIEREN – WAS HEISST DAS?

Hinweis

Gymnastik ist die Basis jeder Form des Reitens.

Am besten natürlich?

Genau genommen dürfen wir unsere Pferde nur dann reiten, wenn wir sie gleichzeitig gymnastizieren. Wie kommt das?

Sieht man sich einen Pferdekörper an, so erhält man den Eindruck großer Stabilität und Kraft. Der Rücken erscheint als bequemes Sofa, allein dazu geschaffen, einen Sattel samt Reiter oder gar eine Reiterkehrseite ohne Unterlage aufzunehmen. Der Zweibeiner nimmt Platz, lässt die Beine bequem hängen und sorgt nur dafür, oben zu bleiben. Vielleicht unterlässt er es gar völlig, sein Pferd durch Dressurübungen, Bahnarbeit und andere langweilige Geschichten zu quälen – das sieht alles so unnatürlich aus! Je weniger ich mein Pferd beeinflusse, desto „natürlicher" reite ich es und was natürlich ist, ist sicher auch gesund, oder?

Leider nicht, denn genau genommen ist am Reiten nichts natürlich. Pferde werden bekanntlich weder mit Sattel noch mit Reiter auf dem Buckel geboren und nichts hat die Natur bislang dazu veranlasst, unseren Vierbeinern die notwendigen anatomischen Voraussetzungen dafür mitzugeben, eine Last auf dem Rücken zu tragen, ohne dabei Schaden zu nehmen. Darum sind

Sinnvolle Gymnastik schafft eine solide Grundlage für jede Reitweise, jede Spezialdisziplin.

5

Pferde gymnastizieren

Ein völlig bretthartes Pferd als Folge vermeintlich natürlichen Reitens – zum Glück nur eine Demonstration!

wir Reiter verpflichtet, dieses Versäumnis durch entsprechende Arbeit weitgehend wett zu machen!

Ein bisschen Pferdeanatomie

Das knöcherne Skelett verleiht dem Körper seine Form, gibt ihm Stabilität und dient als Ansatzstelle für Muskulatur. Die Knochen sind untereinander durch Gelenke verbunden, wobei ein Überzug aus Knorpel die Knochenenden gleitfähiger gestaltet. Das Gelenk ist von einem Gelenksack umgeben, der mit einem speziellen Schmiermittel, der Gelenkflüssigkeit, gefüllt ist und durch Bänder zusätzlich stabilisiert wird. Jeder Muskel besteht aus zwei anatomischen Untereinheiten, nämlich den gebündelten kontraktilen Muskelfasern und den Enden des Muskels, Sehne genannt. Diese Sehnen setzen an rauen Knochenvorsprüngen an, sodass eine Kontraktion des Muskels die Knochen im Gelenk gegeneinander bewegt. Knochen, Gelenk und Muskulatur arbeiten stets zusammen und werden deshalb immer gemeinsam trainiert. Jedoch lassen sich Muskeln vergleichsweise schnell kräftigen, während Gelenke und Knochen längere Zeiträume benötigen.

Ohne entsprechendes Training ist das Pferd nicht in der Lage, einen Reiter zu tragen und dabei gesund zu bleiben. Als Schwachstelle entpuppt sich vor allem der Pferderücken: Dessen formgebende anatomische Struktur ist die Wirbelsäule, die man sich als Kette kleinerer Knochen, den Wirbelkörpern, vorstellen muss. Diese sind voneinander durch die Bandscheiben getrennt und durch eine Vielzahl elastischer Bänder miteinander verbunden. Rechts und links der Wirbelsäule laufen starke Muskelstränge, die langen Rückenmuskeln. Zusammen mit den Bauchmuskeln verleihen sie dem Rumpf des

Hinweis

Gymnastizierend reiten heißt pferdeschonend und pferdefreundlich reiten.

werden, sondern ist das Resultat gymnastizierenden Reitens, denn nur dabei wird das Pferd geistig wie körperlich umfassend geschult. Fazit: Ohne Gymnastik werden sich beim Pferd Verspannungen, Verkrampfungen und Überlastungen einstellen, die den Pferdekörper so negativ beeinflussen, dass ihm die geforderte Leistung nicht mehr möglich ist.

Pferdes Stabilität und Elastizität. Die Halswirbelsäule wird durch das lange Nackenband unterstützt, eine kräftige Sehnenplatte, die neben den Halsmuskeln eine wichtige stabilisierende Funktion einnimmt. Der Schweif schließlich erhält ebenfalls durch Muskelstränge, welche die knöcherne Schweifrübe begleiten, seine Beweglichkeit.

Warum jedes Pferd Gymnastik braucht

Wird der untrainierte Pferderücken durch das Reitergewicht belastet, sackt die Wirbelsäule unter der Last durch, der Rücken bildet ein Hohlkreuz. Dabei berühren sich im schlimmsten Fall die oben liegenden Fortsätze der Wirbelkörper (Dornfortsätze genannt) und reiben aneinander. Dies führt zu einer sehr schmerzhaften Entzündung, in deren Folge diese Fortsätze miteinander verwachsen können (Kissing Spine). Werden die Muskeln passiv überdehnt oder verfallen sie auf Grund von Überlastung in einen Zustand dauerhafter Verspannung, können sie nicht aktiv arbeiten und ihre Funktion als Stütze des Rumpfes und Überträger der Bewegungsimpulse nur unzureichend erfüllen. Weitere Gründe für sinnvolle Gymnastik à la Pferd: Elastische Pferde zeichnen sich vor allem durch ihre feinen, aufmerksamen Reaktionen auf reiterliche Hilfen aus — sie sind durchlässig. Durchlässigkeit kann nicht erzwungen

Nehmen Sie Rücksicht auf den Pferderücken, er ist nicht so stark, wie es scheint.

Je höher die Leistung, desto wichtiger die Gymnastik.

Pferde gymnastizieren

Gutes Reiten zeichnet sich durch den spielerischen Wechsel von Dehnung und Versammlung aus.

Hinweis

In entspannter Grundhaltung werden Kraft und Elastizität umfassend gestärkt!

rer Elastizität als auch bezüglich der Kraft. Dazu werden zwei grundlegende Prinzipien der Bewegung des Pferdes unter dem Reiter genutzt: Dehnung und Versammlung. Dehnung, Versammlung, Biegung und auch andere Begriffe haben übrigens im Rahmen des modernen Dressursportes eine bestimmte, genau definierte Bedeutung, werden aber hier der besseren Übertragbarkeit auf andere Sparten des Reitens wegen im allgemeinen Sinne gebraucht.

Das Spiel mit Dehnung und Versammlung

Gymnastizierendes Reiten muss unverkrampft betrieben werden, um Reiter und Pferd von Stress zu verschonen. Beide müssen sich umfassend, also körperlich wie seelisch entspannen, um dann durch gezielte Übungen dynamische Spannung aufzubauen. Der Wechsel von Anspannung und Entspannung, Dehnung und Streckung und die Zunahme von Muskelkraft und Elastizität zeichnet korrektes Reiten aus.

Oberstes Ziel des gymnastizierenden Reitens ist es, die Muskeln von Rücken, Hals und Bauch gleichmäßig zu stärken, und zwar sowohl hinsichtlich ih-

Dehnung und Versammlung

Unter „Dehnung" verstehen wir hier die symmetrische, entspannte Streckung der langen Rückenmuskulatur, während Versammlung den umgekehrten Vorgang bezeichnet, also die dynamische Verkürzung der Muskeln.

Dehnung ist nicht mit Erschlaffung, Versammlung nicht mit Verspannung zu verwechseln; sowohl Dehnung als auch Versammlung sind dynamische Vorgänge und werden aktiv herbeigeführt, aber nie erzwungen.

Dehnung bedeutet immer auch

- Streckung und Absenkung von Kopf und Hals (vorwärts-abwärts) unter
- Öffnung des Winkels zwischen Kopf und Hals,
- Verlängerung des Pferderumpfes bei
- erhaltenem Schub aus der Hinterhand.

DAS SPIEL MIT DEHNUNG UND VERSAMMLUNG

Korrekt gedehnte Pferde laufen nicht etwa auf der Vorhand, da sie die Hinterhand aktiv untersetzen. Am besten lassen sich Pferde in den Gangarten Schritt und Trab dehnen.

Versammlung bedeutet immer auch
- Absenken der Hinterhand bei
- verstärktem Untertreten der Hinterbeine und dadurch
- Freiwerden der Vorhand, verbunden mit
- relativer Aufrichtung von Kopf und Hals mit
- mehr oder weniger ausgeprägter Beizäumung
- und Verkürzung des Pferderumpfes.

Im klassischen Sinne lassen sich Pferd im Schritt, Trab und Galopp versammeln; die Spezialgangart

In altersgemäßer Versammlung präsentiert sich eine Remonte – ungezwungen aufgerichtet.

So ist es richtig: Kaltbluthengst Uri dehnt sich genüßlich.

Pferde gymnastizieren

Die Spezialgangart Tölt verlangt auch eine spezielle Form versammelnden Reitens.

Tölt verlangt eine besondere Form der Versammlung und im Rennpass schließlich ist keine Versammlung möglich oder nötig.

Sackgasse

Häufig meint der Reiter, zur Versammlung sei vor allem Beizäumung nötig und die wiederum wird vielfach mit starker Zügeleinwirkung, auch Riegeln genannt, erzwungen. Dabei gelingt es zwar, rein optisch starke Beizäumung (Abknicken im Genick, Pferdenase in der Senkrechten) herzustellen, versammelt sind die Pferde trotzdem nicht. Hier wird das Pferd von hinten aufgezäumt: Der korrekte Weg geht von hinten nach vorne, indem das Pferd mit aktivem Rücken und vorschwingender Hinterhand die Reiterhand sucht und dann erst in Aufrichtung und Beizäumung geführt wird. Behindert der Reiter dagegen den Schub seines Pferdes durch eine rückwärts einwirkende oder starre, riegelnde Hand, so hemmt er alle vorwärts gerichteten Impulse, die Bewegung bleibt irgendwo im Rücken stecken und sein Pferd geht verspannt auf der Vorhand.

Nur scheinbar versammelte Pferde erkennen Sie vor allem an folgenden Merkmalen:

- Während die Vorhand mit enormer Aktion strampelt, tut sich in der Hinterhand viel weniger, die Pferde treten meist nicht befriedigend unter;
- höchster Punkt des Pferdes ist nicht sein Genick, sondern ein Punkt dahinter;
- das Pferd geht hinterm Zügel;

DAS SPIEL MIT DEHNUNG UND VERSAMMLUNG

Hinweis

Nicht jedes beigezäumte Pferd ist auch versammelt, nicht jedes versammelte auch beigezäumt!

- der Vierbeiner zeigt Anzeichen von Verspannung, etwa Knirschen auf dem Gebiss, ständiges Schweifschlagen, einen festen Rücken, der den Reiter nicht sitzen lässt;
- auf dem Pferd sitzt ein deutlich mit Muskelkraft agierender Reiter.

Umgekehrt können Pferde durchaus versammelt sein, obwohl ihre Nasenlinie weit vor der Senkrechten liegt oder sie kaum aufgerichtet erscheinen. Letztlich spielen auch anatomische Merkmale eine Rolle und schränken die Fähigkeit zur Aufrichtung, Beizäumung oder Hankenbeugung beim einzelnen Pferd ein.

Die Fähigkeit zur Versammlung scheint manchen Rassen in die Wiege gelegt zu werden.

Missverständnis auf L-Niveau: Von Gymnastik keine Spur!

11

PFERDE GYMNASTIZIEREN

Gutes, gymnastizierendes Reiten lässt sich nicht in ein Schema pressen.

Gymnastik mit Plan

Zu jedem Training gehört ein Plan: Analysieren Sie den aktuellen Ausbildungsstand auf Stärken und Schwächen, definieren Sie Endziele und Zwischenziele, überprüfen Sie die Ihnen zur Verfügung stehenden Möglichkeiten und gehen Sie stets überlegt vor, indem Sie alle Ausbildungsschritte in sinnvoller Anordnung aufeinander folgen lassen. Lassen Sie aber immer Raum für Individualität, Ihre eigene und vor allem die Ihres Pferdes!

Die drei Phasen des Trainings

Jede Übungseinheit sollte, unabhängig vom Inhalt, in drei Phasen verlaufen. Während der Dehnungsphase wird die Muskulatur stärker durchblutet, Pulsschlag und Atmung fahren hoch, die Gelenke werden geschmiert. Damit bereitet sich der Körper auf die kommende Belastung vor und stellt sicher, dass alle dafür nötigen funktionellen Einheiten diese erbringen können, ohne Schaden zu nehmen. Auch die Psyche des Pferdes hat Zeit, das Pferd kann seine Aufmerksamkeit vermehrt seiner Aufgabe zuwenden. Inhalt der sich anschließenden Arbeitsphase sind Übungselemente, die von einem hohen Energieaufwand geprägt sind. Diese Phase darf nie erst dann beendet werden, wenn das Pferd ermüdet ist,

sondern so rechtzeitig, dass Konzentrationsfähigkeit und Leistungswille bis zum Ende in vollem Umfang erhalten sind. Das Ende der Arbeitsphase wird so gewählt, dass eine zufrieden stellende Übung den Anlass für ein ausgiebiges Lob gibt. Während der nun folgenden Entspannungsphase kommen Atmung und Pulsschlag allmählich zur Ruhe, das Pferd darf sich erneut recken und strecken und geistig wie körperlich aus der Anspannung der Übung lösen.

Hinweis

Jede Leistung muss vor- und nachbereitet werden!

Reiter und Pferd bereiten sich in der ersten Phase des Trainings auf die Arbeit vor.

PFERDE GYMNASTIZIEREN

Im weiteren Sinne lässt sich die Ausbildungsskala auf andere Reitweisen übertragen.

Deutlich erkennbar: Die Levade kann erst erarbeitet werden, wenn Ihr Pferd sich „tiefer legen" lässt.

In sechs Schritten zum Ziel

Die klassische Ausbildungsskala kennt sechs Zwischenschritte auf dem Weg zum Ziel. Sie heißen Takt, Losgelassenheit, Anlehnung, Schwung, Geraderichten und Versammlung. Anhänger anderer Reitweisen tun sich oft schwer, diese Gliederung mit der eigenen Reitpraxis in Übereinstimmung zu bringen und doch kann die klassische Ausbildungsskala, mehr dem Sinn und weniger den konkreten Inhalten nach, durchaus auf alle Pferde, alle Reitweisen, alle reitsportlichen Disziplinen übertragen werden:

Ein taktklar gehendes Pferd wird in jeder Gangart seine Beine gleichmäßig weit vor setzen und dies in einem gleichförmigen Rhythmus tun. Sind alle funktionellen Einheiten seines Bewegungssystems entspannt und auf die Arbeit vorbereitet, hat es den Zustand der Losgelassenheit erreicht, wenn es auch psychisch zufrieden ist. Der von hinten kommende Bewegungsimpuls kann ohne Hindernis nach vorne übertragen werden und veranlasst das Pferd, über das Gebiss Kontakt zur Reiterhand zu suchen. Diese Anlehnung wird vom Reiter nie erzwungen, sondern immer nur gewährt. Bei der Entwicklung von Schwung lernt das Pferd, vorwärts treibende Reiterhilfen in vermehrten Raumgriff umzusetzen. Unter Geraderichten versteht man einen Zustand, in dem das Pferd mit den Hinterhufen genau in die Spur der Vorderhufe fußt und damit alle Bewegungsimpulse nach vorne durchlässt. Sind diese Voraussetzungen gegeben, wird sich Ihr Pferd nun auch versammeln lassen, also vermehrt Gewicht mit der „tiefer gelegten" Hinterhand aufnehmen.

Der bekannte Ausbilder von Ziegner hat die traditionelle Ausbildungsskala variiert und auf zehn Zwischenstufen erweitert. Sein Trainingsbaum bietet sich als Gedächtnisstütze und roter Faden für

Reiter aller Reitweisen an: Er plädiert für die Losgelassenheit als erste Stufe, da nur das entspannte Pferd überhaupt in der Lage sei, etwas zu lernen. Über die Entwicklung von Takt und Raumgriff gelangt das Pferd zur Anlehnung und steht dann nach weiterer Ausbildung an den Hilfen. Durch das Geraderichten entwickelt das Pferd Balance und kann dann zur Durchlässigkeit ausgebildet werden. Ist es durchlässig und gerade gerichtet, kann es Schubkraft in Tragkraft umwandeln und Schwung entfalten. Nachdem alle diese Elemente erreicht und gefestigt sind, bekommt das Pferd von hinten nach vorne mehr Aufrichtung und lässt sich versammeln. Die Versammlung wird nicht als Endziel angesehen, sondern als Grundlage der weiteren Ausbildung.

Hinweis

Echtes Können verzichtet auf Tricks in der Ausrüstung!

Gutes Reiten kommt ohne Schnickschnack aus.

Nur kandarenreife Pferde und ihre Reiter profitieren vom Einsatz dieser Gebissform.

Gestiefelt und gespornt

Zwei Faktoren sollten Sie unbedingt beachten: Hilfszügel vertragen sich mit reeller gymnastizierender Arbeit nicht! Sie sind lediglich als kurzzeitige Unterstützung bei der Überwindung bestimmter Probleme gedacht, nicht als Dauerlösung. Auch vermeintlich „weiche" Hilfszügel wie etwa der Halsverlängerer bringen Ihr Pferd und Sie, falsch oder zu lange eingesetzt, nicht weiter. Also, Hände weg und lieber den längeren, unbequemeren, aber langfristig erfolgreicheren Weg zu korrektem Reiten gewählt!

Der zweite Punkt betrifft den Einsatz von Kandarengebissen bei nicht kandarenreifen Pferden. Es lässt sich immer wieder beobachten, dass der Reiter zu früh zu Kandare greift, um damit vermeintlich anders unlösbare Probleme wie mangelnde Beizäumung in den Griff zu bekommen. Damit werden mehr Probleme geschaffen als beseitigt - auch hier gilt: Hände weg!

Am Anfang ist die Dehnung

Vor der Leistung steht die Vorbereitung, vor der Arbeitsphase die Dehnungsphase. Obwohl sich Ihr Pferd dabei entspannen, obwohl es locker und gelöst vorwärts schreiten soll, will auch die Dehnung aktiv erritten und gefördert werden. Es reicht nicht aus, den Vierbeiner am langen Zügel eine Weile im ruhigen Schritt herum latschen und dann noch ein paar Runden leichttrabend vor sich hin zackeln zu lassen – ein so vorbereitetes Pferd ist weder erwärmt noch entspannt.

Reelle Dehnung will erarbeitet werden

Stellen Sie zunächst einen leichten Kontakt zwischen Ihrer Hand und dem Pferdemaul her, so, wie es Ausbildungsstand und Reitweise entspricht. Diese Verbindung brauchen Sie, um mit Ihrem Pferd zu „telefonieren"; sie bleibt nun beständig erhalten, wobei sie weder starr noch auf eine bestimmte Intensität festgelegt, sondern von großer Flexibilität und Einfühlsamkeit geprägt sein sollte.

In der Dehnungshaltung folgt das Pferd vertrauensvoll der nach vorne nachgebenden Hand des Reiters und streckt den Hals bei erhaltenem Zügelkontakt und sich öffnendem Winkel zwischen Hals

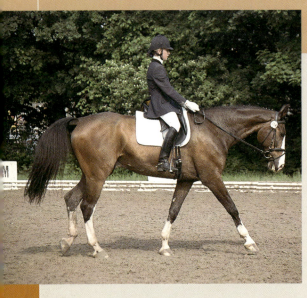

Der Reiter treibt das Pferd in die nachgebende Hand hinein.

und Kopf nach vorwärts-abwärts, wobei es gleichzeitig mit aktiver Hinterhand fleißig unter den Schwerpunkt tritt und seinen Rücken nach oben wölbt. Damit ist gewährleistet, dass es nicht etwa auf der Vorhand läuft; dies geschieht nur, wenn der Reiter den Zügelkontakt aufgibt oder ungenügend treibt.

Damit das Pferd diese Haltung einnehmen kann, müssen bestimmte Voraussetzungen erfüllt sein:

- Der Reiter muss im richtigen Moment mit der Hand nachgeben und sein Pferd in die Dehnung entlassen;
- er muss sein Pferd von hinten nach vorne in die nachgebende Hand hinein treiben und
- so sitzen, dass der Rücken des Pferdes arbeiten kann, ohne behindert zu werden.

Falsch ist dagegen, die Zügel schlackern zu lassen, passiv zu sitzen und den Rücken des Pferdes nicht zu entlasten.

Hinweis

Die Dehnung wird aktiv erarbeitet und passiv zugelassen

Und wie mach' ich das?

Bestimmte, die Dehnung fördernde Übungen bieten sich besonders für die erste Phase der täglichen Arbeit an. Voraussetzung ist allerdings, dass der Reiter selbst gelöst und erwärmt ist, um auch sein Pferd in diesen Zustand reiten zu können.

Steifen, frierenden oder ängstlich verkrampften Reitern wird es nicht gelingen, Ihre Pferde zu lösen. Hier schaffen Aufwärmgymnastik (intensives Putzen!), den Außentemperaturen entsprechende Kleidung und ein vertrauensvolles Verhältnis zwischen Pferd und Reiter (gegebenenfalls auch Reitlehrer!) Abhilfe.

In die Dehnungsphase gehören vor allem die folgenden, je nach Reitweise und Schwerpunkt auch andere Inhalte:

Die Arbeit über Stangen kann die Dehnungsfähigkeit eines Pferdes fördern.

Im Winter dauert es länger, bis Ihr Vierbeiner auf Betriebstemperatur ist.

- Reiten im Schritt in Dehnung;
- Reiten im Trab in Dehnung, dabei Leichttraben oder Entlastungssitz einnehmen;
- Reiten auf langen Geraden oder leicht gebogenen Linien (ganze Bahn oder Zirkel);
- Zügel aus das Hand kauen lassen;
- Schritt oder Trab über Stangen, dabei Entlastungssitz oder Leichttraben;
- Übergänge, zunächst vom Schritt in den Trab und zurück, später kann auch eine Stufe übersprungen werden.

Je nach Ausbildungsstand von Pferd und Reiter können auch andere, anspruchsvollere Übungen in diese Phase einbezogen werden und weit ausgebildete Pferde mit gut entwickelter Rückenmuskulatur und aktiv eingesetzter Hinterhand können recht bald in einer stärker versammelten Haltung geritten werden. Oft wird geraten, Pferde gleich zu Beginn der Trainingseinheit abzugaloppieren, doch

Pferde gymnastizieren

Hier nur eine Demonstration, für viele Pferde aber gruseliger Alltag: Schief sitzende Reiter.

muss davor gewarnt werden: Die Gelenke sind nicht geschmiert, die Muskulatur ist nicht erwärmt und das kann langfristig zu gesundheitlichen Schäden führen.

Zwar gehen insbesondere sehr heftige Pferde oft nach diesem Galopp ruhiger, doch darf Ermüdung nicht mit Entspannung verwechselt werden!

Wie lange diese Dehnungsphase dauert, hängt von vielen Faktoren ab:

- Sehr junge und sehr alte Pferde brauchen länger als Vierbeiner im mittleren Alter;
- unzureichend ausgebildete Pferde brauchen länger als Kollegen mit guter Ausbildung;
- Boxenpferde sind steifer als artgerecht gehaltene Artgenossen und brauchen deshalb mehr Zeit;

- im Winter dauert es länger, bis der Vierbeiner auf Betriebstemperatur ist als im Sommer.

Hilfe, mein Pferd will sich nicht dehnen!

Obwohl die reelle Dehnung dem Pferd gut tut und von ihm als angenehm empfunden wird, lassen sich nicht alle Vierbeiner problemlos vorwärts-abwärts reiten. Das kann verschiedene Ursachen haben:

- Dem Pferd wird die Dehnung verwehrt, da der Reiter befürchtet, es ginge dann auf der Vorhand;
- die unruhige Hand des Reiters macht es dem Pferd unmöglich, sich vertrauensvoll zu strecken;
- der Reiter sitzt nicht ausbalanciert und agiert im Sattel so ungeschickt, dass sein Pferd andauernd im Rücken gestört wird;
- Rückenschmerzen auf Grund von Verspannungen oder Knochenschäden verhindern eine Dehnung der Muskulatur und die Aufwölbung des Rückens;
- das Pferd ist mit der Dehnungshaltung schlicht nicht vertraut, da sie in der praktizierten Reitweise nicht gefördert wird.

In diesen Fällen kann es sinnvoll sein, nach dem Ausschluss organischer Ursachen das Pferd vor dem Reiten zu longieren oder zu versuchen, es zunächst durch Bodenarbeit zur Dehnungshaltung zu bewegen. Dies gelingt vor allem durch den Einsatz eines Chambon oder Gogue beim Longieren, aber auch durch Stangenarbeit. Parallel dazu muss unbedingt der Sitz des Reiters überprüft und verbessert werden.

Noch ein bisschen Theorie

Das in Dehnung gerittene Pferd streckt die langen Rückenmuskeln unter Einbeziehung des Nackenbandes rechts und links annähernd gleichmäßig; es macht sich lang, hält seinen Rumpf aber in sich gerade. Dies ändert sich nun, denn in einem zweiten Schritt geht der Reiter dazu über, mehr und mehr Einfluss auf die Längsachse seines Pferdes zu nehmen.

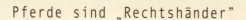

Pferde sind „Rechtshänder"

Die einfache Vorwärtsbewegung alleine ist nicht in der Lage, alle wichtigen Muskeln ausreichend zu gymnastizieren. Aus diesem Grund wird damit begonnen, die Muskulatur links und rechts des Rückgrates, das im Pferderumpf die Mittelachse bildet, nicht nur symmetrisch (also mit gleicher Intensität und in gleicher Weise), sondern unterschiedlich zu arbeiten: Mal wird die Längsmuskulatur rechts mehr gedehnt, während sich die der anderen Seite anspannt, mal ist es umgekehrt. Damit wird bei steigender Intensität auch die Art und Weise, wie das Pferd seine Beine setzt, zunehmend beeinflusst: Die Gliedmaßen schwingen nicht nur vor und zurück, sondern werden auch vom Körper abgestellt oder greifen schräg unter den Rumpf. So wird mit der Zeit die Geschmeidigkeit des Pferdes verbessert; so werden die Hinterbeine angeregt, vermehrt unter den

Der Reiter bleibt gerade sitzen, auch wenn sein Pferd nun schräge Sachen unternimmt.

Pferde gymnastizieren

Übernimmt die Hinterhand mehr Last, so greift das Pferd locker aus der Schulter heraus.

Schwerpunkt zu treten und damit mehr Gewicht aufzunehmen; so lernt das Pferd, die Vorderbeine locker aus der Schulter heraus zu bewegen.

Für die Notwendigkeit dieser Übungen gibt es einen gewichtigen Grund: Bekanntlich haben Pferde eine „gute" und eine „schlechte" Seite, eine Tatsache, die aus ihrer „natürlichen Schiefe" abzuleiten ist. Sich selbst überlassen, wird kein Pferd von Natur aus spurtreu gehen, die Hinterhufe werden nicht in einer gedachten Linie mit den Vorderhufen, sondern stets leicht versetzt auffußen. Dies bringt es mit sich, dass ein Teil der Bewegungsenergie quasi am Pferd vorbei ins Leere läuft. Das Pferd tritt von hinten nicht unter seinen Schwerpunkt, sondern leicht daran vorbei (meist tritt das rechte Hinterbein außen am gleichseitigen Vorderbein vorbei). Noch eine Folge: Es fällt dem Vierbeiner leichter, eine Seite hohl zu machen und die andere dafür stärker nach außen zu biegen als umgekehrt. Dies bringt es auch mit sich, dass der Reiter besonders in Wendungen unbequem sitzt, da das Pferd seinen Körper nicht der Kurve anpasst, sondern mit der Hinterhand ausweicht und den Reiter dadurch nicht über seinem Schwerpunkt sitzen lässt. Hat der Reiter stets das Gefühl, schräg hingesetzt zu werden oder mit unterschiedlich langen Steigbügeln zu reiten, ist die nicht korrigierte natürliche Schiefe seines Pferdes oft der Grund dafür.

Das gymnastizierte, gerade gerichtete Pferd dagegen hat nur „gute" Seiten. Die natürliche Schiefe zu korrigieren und

Noch ein bisschen Theorie

das Pferd gerade zu richten, ist eines der Ziele des gymnastizierenden Reitens. Nur das gerade gerichtete Pferd wird Schubkraft entwickeln, ausbalanciert gehen und Schwung entfalten.

In der Spur bleiben

Je nach bevorzugtem Reitstil muss die Hilfengebung natürlich unterschiedlich ausfallen, doch im Prinzip muss jedes Pferd durch den Sitz des Reiters, seine Schenkel und seine Zügel so unterstützt werden, dass die Hinterhand kontrolliert auf die Vorhand eingestellt wird. Übungen, die das Geraderichten des Pferdes fördern, sind zunächst simple Hufschlagfiguren wie Zirkel oder einfache Schlangenlinien, ja selbst das korrekte Durchreiten einer Ecke. Der Reiter sollte zu Beginn davon absehen, sich und sein Pferd durch

- enge Wendungen,
- in höherer Geschwindigkeit gerittene Kurven
- oder ständige Handwechsel zu überfordern.

Besser ist es, im ruhigen Tempo (Schritt, Arbeitstrab im Leichttraben) nur schwach gekrümmte Wendungen korrekt zu durchreiten und erst die Hand zu wechseln, wenn der Reiter das Gefühl hat, nun sei sein Pferd auf dieser Hand weich, gut zu sitzen und beständig an den Hilfen. Dabei beginnt man immer auf der „guten" Hand, übt aber die „schlechte" Hand insgesamt länger oder intensiver.

Gelingt dies auf beiden Händen, können anspruchsvollere, gerade richtende Übungen eingezogen werden, etwa

- Volten,
- doppelte Schlangenlinien,
- Schlangenlinien durch die ganze Bahn oder
- Hufschlagfiguren in höherem Tempo.

Natürlich kann der Reiter auch andere Figuren (zum Beispiel Achten) reiten, die nicht zu den offi-

*Geradeaus, und doch schief:
Die „natürliche Schiefe" des Pferdes.*

Pferde gymnastizieren

Erst weit ausgebildete Pferde tragen sich auch bei höherer Geschwindigkeit selbst.

ziellen Hufschlagfiguren gehören – wenn die Bahn nicht von anderen Reiter mit genutzt wird! Besonders eignen sich weit angelegte Zirkel, die allmählich bis zur Volte verkleinert und dann wieder zurück auf die Zirkellinie vergrößert werden.

Vierbeinige Warnsignale

Um das Pferd nicht zu überfordern und dadurch zu verspannen und zur Selbstkontrolle sollte der Reiter ganz bewusst sein Pferd beobachten. Es bieten sich zwei Ansätze an:

Auf welcher Hand lässt sich mein Pferd besser biegen? Dazu wendet der Reiter auf die Mittellinie ab und reitet einmal eine bewusst eng angelegte Volte nach rechts, geht dann ein paar Schritte geradeaus und reitet danach eine Volte nach links. Auf der einen (der „guten") Hand wird die Volte im zügigen Tempo durchschritten, der Reiter sitzt angenehm, die Volte hat eine gleichmäßige Krümmung, auf den anderen (der „schlechten") Hand wird das Pferd zögerlich gehen, an Schwung verlieren, nach innen oder außen ausweichen. Ganz klar: Die „schlechte" Hand muss nun intensiv geübt werden, damit Ihr Pferd bald gleichmäßig geschmeidig ist.

NOCH EIN BISSCHEN THEORIE

Hinweis
■ ■ ■ ■

Wer „hinhören" kann, merkt in jeder Ecke, ob sein Pferd geschmeidig ist!

Wie zeigt mein Pferd, dass es überfordert ist? Kann es seine Längsachse nicht der geforderten Krümmung anpassen (zu eng, Tempo zu hoch), so wird es langsamer, der Takt geht verloren, es legt sich auf die Hand, weicht über die äußere Schulter aus oder geht gegen den Schenkel nach innen. Der Reiter hat das Gefühl, nicht mehr ausbalanciert zu sitzen. In diesem Fall empfiehlt es sich, zunächst weniger stark gekrümmte Kurven in einem ruhigeren Tempo zu reiten.

Im Labyrinth lassen sich Pferde besonders gut gleichmäßig biegend arbeiten.

In jeder Ecke sagt Ihnen Ihr Pferd, wie geschmeidig es ist.

Biegung – mal mehr, mal weniger

Biegt das Pferd seinen Körper entsprechend der Linie, auf der es sich bewegt, ist damit schon viel erreicht. Die Fähigkeit dazu ist keine Selbstverständlichkeit, sondern muss durch intensive Übung erarbeitet und erhalten werden. Dabei wird die Längsachse des Pferdes durch verschiedene Kombinationen von Vorwärts- und Seitwärtsbewegung allmählich geschmeidiger, die Hinterhand wird veranlasst, immer deutlicher unter den Schwerpunkt zu treten und das Pferd wird auf diese Art, also durch Biegung, gerade gerichtet – auch wenn es paradox erscheint.

Diese Übung veranlasst Kaltbluthengst Uri, sein linkes Hinterbein unter den Schwerpunkt zu setzen.

Hinweis

Biegungen richten mein Pferd gerade

Die Biegung wird in verschiedenen Stufen erarbeitet und kann durch unterschiedliche Übungen gefestigt werden.

Langsam und gleichmäßig

Die ungleichmäßig ausgeprägte Beweglichkeit des Pferderumpfes macht es so schwer, eine gleichförmige Biegung durchzusetzen. Bedingt durch anatomische Vorgaben ist die Halswirbelsäule in sich recht beweglich, während die Rückenwirbel und Lendenwirbel wenig, die Kreuzwirbel beziehungsweise das Kreuzbein unbeweglich sind. Aus diesem Grund entziehen sich viele Pferde bei biegenden Übungen, indem sie aus dem Bereich des Widerrists den Hals nach innen klappen, den Rumpf aber ungebogen lassen, mithin also geradeaus weiter laufen. Meist ist dieses Problem die Folge eines Reiterfehlers, bei dem das Pferd lediglich über den (inneren) Zügel geritten wird, der äußere Zügel keine Anlehnung gibt und Schenkel sowie Gewicht nicht korrekt oder im Einklang eingesetzt werden. Oberste Priorität hat beim Erarbeiten einer gleichmäßigen Geschmeidigkeit die Sorgfalt: Achten Sie darauf, dass die angestrebte Biegung den Pferdekörper von der Nase bis zur Kruppe gleichmäßig einbezieht.

Hinweis

Schenkel und Gewicht erarbeiten die Biegung, der Zügel unterstützt sie!

Noch ein möglicher Anlass für Probleme: Gerade bei biegenden Übungen neigen viele Reiter dazu, asymmetrisch im Sattel zu sitzen – das arme Pferd muss nun nicht nur sich selbst ausbalancieren, sondern auch noch seinen schräg hängenden Reiter, der seitwärts treiben mit seitlich fast herunterfallen verwechselt!

Reiten in Stellung

In einem ersten Schritt bringen wir das Pferd in Stellung. Darunter versteht man eine Körperhaltung, bei der es sich im Genick so weit neigt, dass der Reiter das innere Auge aufblitzen und den inneren Nüsternrand sehen kann. Wichtiger noch: Das Pferd

Hinweis

Der Reiter sitzt ausnahmslos immer über dem Schwerpunkt des Pferdes!

richtet seine Vorhand so auf die Hinterhand ein, dass es zunehmend gerade gerichtet geht. Dies bringt es mit sich, dass Schulter und Hüfte nun nicht mehr denselben Abstand von der Bande oder einer gedachten Geraden längs der Laufrichtung haben, sondern die Schulter so weit nach innen verlagert wird, dass Vorder- und Hinterhand in einer Spur tre-

Achten Sie darauf, dass der Pferdekörper gleichmäßig gebogen wird.

Beim gestellten Pferd sieht der Reiter das innere Pferdeauge aufblitzen.

PFERDE GYMNASTIZIEREN

Das Schulterherein wird auch als „Mutter der Seitengänge" bezeichnet.

ten. Da die Schulter schmaler ist als die Hüfte, müssen die Abstände zur Bande beim gerade gerichteten Pferd unterschiedlich sein.

Schultervor

Diese Übung ist, im Gegensatz zum einfachen Reiten in Stellung, eine biegende Übung und dient auch der Vorbereitung auf alle Seitengänge. Die innere Schulter des Pferdes wird so weit nach innen geführt, dass es nun mit dem inneren Hinterbein in einer gedachten Linie zwischen den beiden Vorderhufen auffußt. Damit tritt dieses Bein vermehrt unter den Schwerpunkt, eine wichtige Vorübung mit versammelndem Charakter. Das Pferd ist in sich ganz leicht gebogen, wobei auch hier auf eine leichte und gleichmäßige Biegung zu achten ist.

Schulterherein

Ganz unabhängig von der bevorzugten Reitweise wird das Schulterherein von sehr vielen bedeutenden Ausbildern als die grundlegende gymnastizierende Übung überhaupt angesehen, sicher kein Zufall. Die „Mutter aller Seitengänge" lässt das Pferd mit dem inneren Hinterbein weit unter den Schwerpunkt treten, entwickelt die Fähigkeit zur Versammlung und verbessert die Impulsübertragung aus der Hinterhand, Voraussetzung für den Schwung. Für den Reiter ist es ganz wichtig, diesen Seitengang absolut korrekt zu entwickeln und ihn in der Durchführung klar vom Schenkelweichen zu trennen.

Beherrschen Reiter und Pferd das Schultervor, lässt sich das Schulterherein daraus fließend entwickeln, indem die innere Schulter bei stärkerer Längsbiegung des Körpers nun so weit nach innen abgestellt wird, dass das Pferd auf drei Hufspuren oder gar zwei Hufschlägen (Wiener Hofreitschule) fußt. Zur Orientierung: Ganz außen fußt das äußere Hinterbein, auf der mittleren Hufspur äußeres Vorderbein und inneres Hinterbein, innen das innere Vorderbein.

Von entscheidender Bedeutung ist auch bei dieser Übung der äußere Zügel, der dem Pferd Anlehnung gewährt und verhindert, dass es nur mit dem Hals nach innen klappt und in sich gerade über die Schulter weg läuft. Takt und Schwung müssen erhalten bleiben, verkriecht sich das Pferd bei der Durchführung, müssen die Einwirkung des Reiters und der Ausbildungsstand des Pferdes überprüft werden.

Was es sonst noch gibt

Ihnen stehen nun die wichtigsten Werkzeuge zur Verfügung, um Ihr Pferd sowohl dehnend als auch versammelnd zu arbeiten und ihm damit zu größerer (Trag-) Kraft, zu Geschmeidigkeit und Balance zu verhelfen.

Ihre tägliche Gymnastik

Neben anderen Schwerpunkten, ob Springen, Tölten oder Wanderreiten, zieht sich nun die Gymnastik wie ein roter Faden durch Ihre tägliche Arbeit.

Auch dieses Cuttingpferd, das sich gerade durch „people cutting" aufwärmt, kommt ohne Gymnastik nicht aus.

Sehen Sie davon ab, gymnastizierende Übungen nur in der Reitbahn durchzuführen. Achten Sie darauf, auch bei jedem Ausritt Ihr Pferd sorgfältig zu arbeiten, denn sämtliche Seitengänge, Schenkelweichen, Rückwärtsrichten oder andere Übungen lassen sich auf jedem Weg mit einigermaßen akzeptablem Geläuf durchführen, im Schritt oder fallweise im Trab. Lösen Sie sich und Ihr Pferd von der Bande, sobald dies möglich ist, denn Ihr Vierbeiner soll durch Ihre Hilfengebung die notwendige Stütze finden und nicht automatisch Anlehnung an der Bande nehmen. Wechseln Sie flexibel zwischen Dehnung und Versammlung ab, und vergessen Sie das Loben nicht!

Einige ergänzende Ansätze helfen Ihnen, die bisher erarbeitete Basis zu festigen und sinnvoll zu erweitern. Aber beachten Sie: Ihr Pferd wird nie „fertig ausgebildet" sein, es wird gymnastizierende Arbeit benötigen, solange Sie es reiten oder anderweitig „nutzen".

ABC der Seitengänge

Neben dem Schulterherein lassen sich weitere Seitengänge erarbeiten, die alle auf dem Prinzip der kontrollierten Biegung des Pferdekörpers in seiner Gesamtheit beruhen. Nehmen wir an, unser Pferd bewegt sich auf der rechten Hand an der Bande entlang, so wird es:

Hinweis

Integrieren Sie gymnastizierende Arbeit möglichst täglich in Ihr Training!

PFERDE GYMNASTIZIEREN

- beim Schulterherein rechts hohl gebogen sein, mit der rechten Schulter nach innen kommen und mit der linken Schulter führen;
- beim Konterschulterherein links hohl gebogen sein, mit der rechten Kruppe nach innen kommen und mit der rechten Schulter führen;
- beim Travers rechts hohl gebogen sein, mit der rechten Kruppe nach innen kommen und mit der linken Schulter Anlehnung an der Bande nehmen;
- beim Renvers links hohl gebogen sein, mit der rechten Schulter nach innen kommen und mit der linken Kruppe Anlehnung an der Bande nehmen.

Klingt verwirrend, ist es auch – vor allem für Ihr Pferd, wenn Sie versuchen sollten, ihm alles auf einmal beizubringen. Besser, Sie halten sich an das Schulterherein und üben es baldmöglichst auch im Trab, das reicht völlig aus.

Sollten Sie allerdings Geschmack an derlei „schrägen Sachen" gefunden haben, probieren Sie bitte nicht im Alleingang herum, sondern unter Anleitung, wenn Sie nicht sowieso regelmäßig Reitunterricht nehmen …

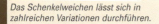

Gehört auch zu den „schrägen Sachen": Travers.

Das Schenkelweichen lässt sich in zahlreichen Variationen durchführen.

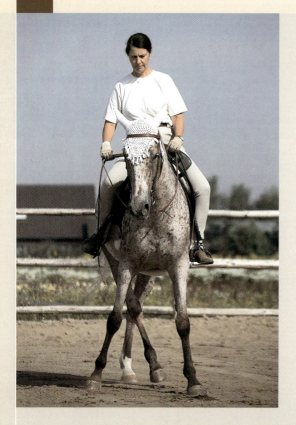

Schenkelweichen

Diese Übung wird fälschlich oft zu den Seitengängen gerechnet, mit dem Schulterherein verwechselt und in ihrem gymnastizierenden Wert überschätzt. Sie ist allerdings als ergänzende Übung zum Geraderichten, zur Verbesserung des Schenkelgehorsams und auch dann sinnvoll, wenn der Reiter ein Gefühl für das Reiten am Außenzügel entwickeln soll. Beim Schenkelweichen ist das Pferd nicht gebogen, sondern nur gestellt; es bewegt sich auf zwei Hufschlägen vorwärts und seitwärts, wobei es dem seitwärts treibenden Schenkel ausweicht.

Falsch wäre es, das Schenkelweichen lediglich in immer derselben Art und Weise, nämlich entlang der Bande mit nach außen gerichtetem Kopf durchzuführen. Ihr Pferd wird zu mehr Aufmerksamkeit dem seitwärts treibenden Schenkel gegenüber angeregt, wenn Sie zahlreiche Varianten üben:

- die Bande entlang, nach außen gerichtet;
- die Bande entlang, nach innen gerichtet;
- im Zickzack von der Mittellinie ausgehend oder auf einem Weg von links nach rechts und zurück;
- Viereck verkleinern und vergrößern;
- aus dem Schenkelweichen eine Vorhandwendung entwickeln und nach Vollendung in Gegenrichtung zurück;
- aus dem Schenkelweichen, die Abstellung allmählich verringernd, zurück auf den Hufschlag.

„Normales" Schenkelweichen kombiniert Vorwärts- und Seitwärtsbewegung in einer Abstellung von 45 Grad, im Westernreiten wird auch eine reine Seitwärtsbewegung praktiziert – Sie haben die Wahl!

Rückwärtsrichten

Damit ein Pferd korrekt rückwärts gerichtet werden kann, muss es über eine gute Selbsthaltung und einen elastischen Rücken verfügen. Unsauber oder hart ausgeführt, richtet diese Übung großen Schaden an: Das Pferd rollt sich ein und kriecht rückwärts, wobei es auf die Vorhand kommt, oder es weicht dem Druck nach oben aus, drückt den Unterhals heraus und den Rücken weg. Bei korrekter Ausführung dagegen werden die Pferde vorne leichter, sie setzen sich auf die Hinterhand und richten sich zwanglos auf.

Reiter von Islandpferden schätzen das Rückwärtsrichten auch als Töltvorbereitung.

Aus dem Halten wird das Pferd leicht getrieben, wobei die Zügelhand es nicht nach vorne entlässt. Dabei wird Spannung aufgebaut, die das Pferd teilweise durch das Rückwärtstreten abbaut, teilweise aber auch in eine erhöhte Körperspannung, sprich Versammlung, umsetzt. Ganz entscheidend ist die nur leichte Anlehnung, denn bei rückwärts einwirkender Reiterhand verspannt sich das Pferd sofort. Es kann vorteilhaft sein, sich beim Rückwärtsrichten im Sattel leicht zu machen, damit das Pferd um-

Gymnastizierte Pferde sind auch im Gelände durchlässig und kooperativ.

Pferde gymnastizieren

Bodenarbeit eignet sich hervorragend zur Gymnastizierung – wenn man es kann!

so besser seinen Rücken aktiviert. Besonders gerne wird das Rückwärtsrichten zur Vorbereitung des Tölt, als Gehorsamsübung und versammelnde Übung eingesetzt.

Dasselbe, aber draußen

Mit ein bisschen Fantasie wird es Ihnen gelingen, auch beim Geländeritt gymnastizierende Übungen durchzuführen. Gutes, also griffiges und nicht zu tiefes Geläuf ist allerdings eine Voraussetzung dafür, dass Ihr Pferd sich entspannt vorwärts bewegen kann und nicht um seine Balance kämpfen muss. Ein bisschen Platz brauchen Sie auch, da tut es ein ganz normaler Wirtschaftsweg. Ansonsten lassen Sie Ihre Fantasie spielen:

- Stellen Sie Ihr Pferd bewusst mal nach rechts, mal nach links;
- Reiten Sie Schulterherein auf beiden Händen;
- Üben Sie Schenkelweichen in beide Richtungen;

- Nutzen Sie Übergänge, um Ihr Pferd aufzurichten und auf die Hinterhand zu setzen;
- Reiten Sie Schlangenlinien, wenn der Weg breit genug ist, und biegen Sie Ihr Pferd in jeder Kurve bewusst um den inneren Schenkel;
- Vergessen Sie nicht, Ihr Pferd immer wieder in die Dehnung zu entlassen, und reiten Sie Ihren (zuverlässigen!) Vierbeiner auch im Trab in Dehnungshaltung.

Hinweis

Es gibt nichts Schlimmeres für den Pferderücken als dauerndes, stures Geradeausreiten im Gelände!

Ergänzende Übungen an der Hand

Pferd und Reiter profitieren davon, wenn sie neben der Arbeit unter dem Sattel auch auf andere Weise gymnastizierende Übungen durchführen. Dazu eignen sich besonders

- die Doppellongenarbeit und die verwandten Bodenarbeitstechniken des Fahrens vom Boden und der Langzügelarbeit;
- korrektes Longieren mit dem Kappzaum, insbesondere unter Einbeziehung von Stangenarbeit und mit wechselnden Zirkeldurchmessern;
- Führübungen durch und über Hindernisse, die der Rückentätigkeit förderlich sind, sowie
- die Arbeit als Handpferd, aber bitte unausgebunden und überwiegend in langen Trabreprisen.

WAS ES SONST NOCH GIBT

Verantwortungsbewusst und fröhlich dank Gymnastik – so werden Pferd und Reiter ein Team!

Die zehn Gebote gymnastizierenden Reitens

1) Arbeite ohne Zwang, denn unter Druck wird sich dein Pferd nicht entspannen.
2) Integriere täglich gymnastische Übungen in euer Trainingsprogramm.
3) Arbeite an dir, damit du ebenso dynamisch und elastisch agierst, wie du es von deinem Pferd erwartest.
4) Sei gegenüber jeder Rückmeldung, die dir dein Pferd gibt, aufnahmebereit.
5) Hole dein Pferd dort ab, wo es steht, und erwarte nichts, was es noch nicht leisten kann.
6) Mache nie die investierte Zeit, sondern das erreichte Wohlbefinden zum Maß deiner Arbeit.
7) Stelle dich regelmäßig der Beurteilung durch einen hervorragenden Reiter, der dieselben Ziele mit vergleichbarer Einstellung und ähnlichen Prioritäten verfolgt wie du.
8) Siehe auftretende Schwierigkeiten nicht als Problem an, sondern als Aufforderung, deine bisherige Arbeit selbstkritisch zu überdenken.
9) Beurteile alle Übungen nach dem potenziellen Nutzen für dich und dein Pferd, nicht nach dem Unterhaltungswert für etwaige Zuschauer.
10) Und zuletzt: Denke immer daran – der Fehler sitzt meistens im Sattel!

Impressum

Copyright © 2001 by Cadmos Verlag GmbH, Lüneburg
Gestaltung: Ravenstein Brain Pool
Layout und Satz: Nicole Schröder Fotos: Angelika Schmelzer
Druck: Westermann Druck, Zwickau
Alle Rechte vorbehalten.
Abdrucke oder Speicherung in elektronischen Medien
nur nach vorheriger schriftlicher Genehmigung durch den Verlag.
Printed in Germany.
ISBN 3-86127-256-3

KOMPAKTES PFERDEWISSEN

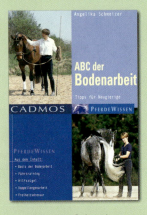

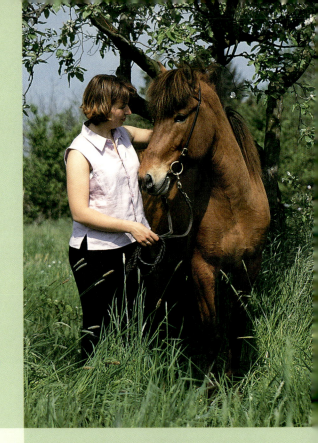

Angelika Schmelzer
ABC der Bodenarbeit

Dieser Band beschreibt, wie man beginnt, welche Ausrüstung benötigt wird und welche Möglichkeiten die Bodenarbeit bietet.

Broschiert, 32 Seiten, farbig
ISBN 3-86127-255-5

Angelika Schmelzer
Basispass Pferdekunde

Dieses Heft bereitet den Prüfling sicher auf die Prüfungsfragen vor.

Broschiert, 32 Seiten, farbig
ISBN 3-86127-250-4

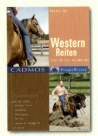

Renate Ettl
Westernreiten

Westernreiten – locker und entspannt und in Harmonie mit dem Pferd. Es wird gezeigt, was man am Anfang alles wissen muss und wie man am besten beginnt.

Broschiert, 32 Seiten, farbig
ISBN 3-86127-247-4

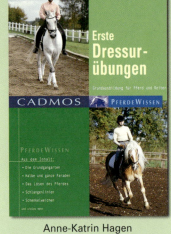

Anne-Katrin Hagen
Erste Dressurübungen

Die Autorin beschreibt in diesem Ratgeber die ersten Dressurübungen, die dem Gehorsam und dem Lösen des Pferdes dienen.

Broschiert, 32 Seiten, farbig
ISBN 3-86127-258-x

Prospekt anfordern bei:
Cadmos Verlag GmbH • Lüner Rennbahn 14 • D-21339 Lüneburg
Tel. 04131/9835 150   Fax. 04131/9835 155
www.cadmos.de